LIBROS CULINARIOS

smoothies
y jugos

smoothies de fruta • smoothies de verduras
smoothies de postre • jugos

degustis

Importado y publicado en México en 2011 por /
Imported and published in Mexico in 2011 by:
Advanced Marketing, S. de R.L. de C.V. Calz. San
Fco. Cuautlalpan no. 102 Bodega D, Col. San Fco.
Cuautlalpan, Naucalpan, Edo. de México, C.P. 53569

Título Original / Original Title: Culinary notebooks.
Smoothies & juices / Libros culinarios. Smoothies y jugos

ISBN: 978-607-404-448-5

11 10 9 8 7 6 5 4 3 2 1

Colección de Libros Culinarios

Director de Proyecto Anne McRae
Director Artístico Marco Nardi

SMOOTHIES Y JUGOS
Fotografía   Brent Parker Jones
Texto   Carla Bardi
Edición   Foreign Concept
Estilista de Alimentos   Lee Blaylock
Asistente de Estilista de Alimentos
Rochelle Seator
Estilista de Props   Lee Blaylock
Diseño   Sara Fellowes
Traducción: Laura Cordera L. y
Concepción O. de Jourdain

Fabricado e impreso en China en Febrero 2011 por /
Manufactured and printed in China on February 2011
by: C&C Joint Printing CO., (Shanghai) LTD. NO.3333
 Cao Ying Road QingPu, Shanghai, 201700

contenido

manos a la obra

En este libro presentamos más de 100 deliciosas recetas para preparar smoothies y jugos. Todas son muy sencillas y fáciles de preparar, lo cual las convierte en tentempiés o desayunos ideales para los días más ocupados de la semana. También hemos incluido un capítulo sobre smoothies de postre para después de las comidas saludables. Usted necesitará una licuadora para preparar los smoothies y un extractor de jugos para preparar los jugos. En estas páginas hemos elegido 25 de nuestras mejores recetas, para que se dé una idea.

● SENCILLOS

Jugo de
CÍTRICOS Y PEREJIL

Smoothies de
MORAS AZULES

Smoothies de
ESPINACA Y PERA

Smoothies de
PLÁTANO Y FRESA CON
CHOCOLATE Y CREMA

El mejor jugo de
MORAS

Smoothies de
PLÁTANO Y DURAZNO
CON GERMEN DE TRIGO

Smoothies de
FRESA Y AVENA PARA
EL DESAYUNO

● SÚPER SALUDABLES

Smoothies
desintoxicantes de
CILANTRO Y
ALMENDRA

Jugo de espinaca, soya y
trigo CON GINKO

Jugo picante de
ZANAHORIA, MANZANA Y PEPINO

SMOOTHIES SIN LÁCTEOS

Smoothies de SOYA Y MORAS

Smoothies
AMARILLOS Y VERDES
EN CAPAS

Smoothies de
MELÓN Y KIWI

Smoothies de tofu con
ARÁNDANO Y NARANJA

Smoothies de soya con
SANDÍA Y ARÁNDANO

EL EDITOR ACONSEJA

Smoothies
CARIBEÑOS

Smoothies de
ZANAHORIA Y LIMÓN
VERDE CON CILANTRO

Smoothies de
CAPPUCCINO DE
CHOCOLATE

Jugo de
JITOMATE HECHO
EN CASA

Smoothies de
MANGO Y YOGURT

MEJOR SMOOTHIE DE FRUTA

Smoothies de
CEREZA Y FRAMBUESA

MEJOR SMOOTHIE DE VERDURA

Smoothies de
ZANAHORIA,
MANZANA Y PEPINO

MEJOR SMOOTHIE DE POSTRE

Smoothies de
PLÁTANO CON
CHOCOLATE Y NUECES

MEJOR SMOUSSIE

Smoussies de
FRAMBUESA Y
CHOCOLATE BLANCO

MEJOR JUGO

Jugo de
AGUACATE CON WASABE

smoothies de fruta

Smoothies AMARILLOS Y VERDES EN CAPAS

1   piña pequeña fresca, sin cáscara, descorazonada y picada
4   kiwis
1   taza (250 ml) de hielo picado

Rinde 2 porciones • Preparación 15 minutos • Grado de dificultad 1

1. Coloque dos vasos altos en el congelador para que se enfríen.

2. Mezcle la piña y 1/2 taza (120 ml) del hielo picado en una licuadora y licue hasta obtener una mezcla tersa. Vierta en los vasos y vuelva a colocar en el congelador.

3. Enjuague la licuadora y pique el kiwi con la 1/2 taza (120 ml) restante de hielo picado, hasta obtener una mezcla tersa.

4. Vierta la mezcla verde de kiwi cuidadosamente sobre la mezcla de piña para preparar un smoothie en capas.

Si a usted le gustó esta receta, también le gustarán:

Smoothies de
PIÑA COLADA

Smoothies de
MELÓN Y KIWI

Smoothies de
PIÑA Y ALMENDRA
CON GERMEN
DE TRIGO

Las cerezas frescas de la estación son una delicia al paladar además de ser una buena fuente de vitaminas C y K, y de fibra dietética. Las cerezas contienen una amplia variedad de fitoquímicos que reducen las probabilidades de adquirir cáncer y enfermedades del corazón. Se cree que también fortalecen el sistema inmunológico.

Smoothies de PLÁTANO Y CEREZA CON FRAMBUESAS Y CREMA

1	plátano
1	taza (150 g) de frambuesas frescas + las necesarias para adornar
1	taza (250 ml) de jugo de cereza sin azúcar
1	taza (250 ml) de hielo picado
	Crema batida, para acompañar (opcional)

Rinde 2 porciones • Preparación 10 minutos • Grado de dificultad 1

1. Coloque dos vasos medianos en el congelador para que se enfríen.

2. Mezcle el plátano, frambuesas, jugo de cereza y hielo en una licuadora y licue hasta obtener una mezcla tersa y medio derretida.

3. Vierta en los vasos. Cubra con la crema, si la usa, y 1 ó 2 frambuesas enteras.

Si a usted le gustó esta receta, también le gustarán:

20
Smoothies de
CEREZA Y FRAMBUESA

72
Smoothies de
CEREZA

98
Jugo de
HINOJO Y CEREZA

Smoothies de PLÁTANO Y LIMÓN AMARILLO CON MENTA

1	plátano
	Jugo recién exprimido de 1 limón amarillo
1	taza (250 g) de yogurt de limón amarillo
½	taza (75 g) de uvas verdes sin semilla
1-2	cucharadas de miel de abeja
1	cucharada de hojas de menta fresca + las ramas necesarias para decorar
6	cubos de hielo

Rinde 2 porciones • Preparación 10 minutos • Grado de dificultad 1

1. Coloque dos vasos altos en el congelador para que se enfríen.

2. Mezcle el plátano, jugo de limón amarillo, yogurt, uvas, miel de abeja, hojas de menta y hielo en una licuadora y licue hasta obtener una mezcla tersa.

3. Vierta en los vasos, adorne con ramas de menta y sirva.

Smoothies de
PLÁTANO Y DURAZNO CON GERMEN DE TRIGO

1   plátano
1   taza (250 ml) de yogurt natural ligero (light)
¼   taza (60 ml) de jugo de naranja recién exprimido
¼   taza (30 g) de germen de trigo + el necesario para espolvorear
½   taza (125 ml) de hielo picado
2   duraznos, sin hueso y rebanados

Rinde 2 porciones • Preparación 10 minutos • Grado de dificultad 1

1. Coloque 2 vasos altos en el congelador para que se enfríen. Reserve 2 rebanadas de durazno para decorar.

2. Mezcle el plátano, yogurt, jugo de naranja, germen de trigo, hielo y duraznos restantes en una licuadora y licue hasta obtener una mezcla tersa.

3. Vierta en los vasos y adorne con las rebanadas de durazno. Espolvoree con germen de trigo y sirva

La leche de soya, también conocida como leche de frijol de soya, se hace al remojar los frijoles de soya secos y molerlos con agua. La leche de soya tiene aproximadamente la misma cantidad de proteínas que la leche de vaca. Es ideal para aquellas personas con intolerancia a la lactosa o alérgicas a la leche.

Smoothies de SOYA Y MORAS

1	taza (150 g) de fresas frescas
2	tazas (500 ml) de leche de soya sabor vainilla
2	tazas (300 g) de moras azules frescas o congeladas

Rinde 2 porciones • Preparación 10 minutos • Grado de dificultad 1

1. Coloque dos vasos altos en el congelador para que se enfríen. Parta una o dos de las fresas frescas a la mitad o corte en rebanadas y reserve para decorar.

2. Mezcle la leche de soya, moras azules y fresas restantes en una licuadora y licue hasta obtener una mezcla tersa.

3. Vierta en los vasos, adorne con las fresas reservadas y sirva.

Si a usted le gustó esta receta, también le gustarán:

Smoothies de
MORAS AZULES

Smoothies de
CEREZA Y FRAMBUESA

Smoothies de
MORAS AZULES
Y ALMENDRA

Smoothies de **PERA Y UVA**

Rinde 2 porciones • Preparación 15 minutos • Grado de dificultad 1

2	peras maduras grandes, sin piel y descorazonadas	1	aguacate
1	taza (150 g) de uvas verdes sin semilla + 2 ó 3 para adornar	2	cucharadas de jugo de limón verde recién exprimido
		1	cucharada de miel de abeja

1. Coloque dos vasos altos en el congelador para que se enfríen.

2. Mezcle las peras, uvas, aguacate, jugo de limón verde y miel de abeja en una licuadora y licue hasta obtener una mezcla tersa.

3. Vierta en los vasos fríos. Ensarte las demás uvas en un palillo de madera y coloque sobre el vaso para decorar. Sirva.

Smoothies de **PLÁTANO Y MARACUYÁ**

Rinde 2 porciones • Preparación 10 minutos • Grado de dificultad 1

1	taza (250 ml) de yogurt natural	Rebanadas de plátano, con cáscara, para decorar
2	plátanos maduros pequeños	
	Pulpa colada de 4 maracuyás	Menta fresca, para decorar
2	cucharaditas de miel de abeja	

1. Coloque dos copas de vino en el congelador para que se enfríen.

2. Mezcle el yogurt, plátano, pulpa de maracuyá y miel de abeja en una licuadora y licue hasta obtener una mezcla tersa.

3. Vierta en las copas frías. Adorne con el plátano y la menta y sirva.

Smoothies de **PIÑA COLADA**

Rinde 2 porciones • Preparación 10 minutos • Grado de dificultad 1

1	taza (250 ml) de jugo de piña		recién exprimido de limón verde
$\frac{1}{2}$	taza (120 ml) de crema de coco	4	cucharadas de hielo picado
$\frac{1}{4}$	taza (60 ml) de crema para batir		Rebanadas de piña fresca, para decorar
$\frac{1}{4}$	taza (60 ml) de jugo		

1. Coloque dos copas de vino grandes en el congelador para que se enfríen.

2. Mezcle el jugo de piña, crema de coco, crema y jugo de limón verde en una licuadora y licue hasta obtener una mezcla tersa.

3. Divida el hielo picado uniformemente entre las copas de vino frías y vierta el smoothie sobre la superficie. Adorne con la piña y sirva.

Smoothies de **MORAS AZULES**

Rinde 2 porciones • Preparación 15 minutos • Grado de dificultad 1

3	tazas (450 g) de moras azules frescas	2	cucharaditas de miel de abeja
1	taza (250 ml) de leche	10	cubos de hielo, triturado
$\frac{1}{2}$	taza (125 ml) de yogurt espeso estilo griego		

1. Coloque dos vasos altos en el congelador para que se enfríen.

2. Mezcle las moras azules, leche, yogurt, miel de abeja y hielo en una licuadora y licue hasta obtener una mezcla tersa y espesa.

3. Vierta en los vasos fríos. Sirva de inmediato.

Los mangos frescos son una excelente fuente de vitaminas A y C, betacarotenos y potasio. Se cree que disminuyen la presión arterial y el colesterol y, por lo tanto, ayudan a protegernos de las enfermedades cardiovasculares.

Smoothies de MANGO Y YOGURT

1   mango, sin piel y rebanado
1   taza (250 ml) de yogurt natural ligero (light)
$\frac{1}{2}$ taza (120 ml) de hielo picado
$\frac{1}{4}$ taza (60 ml) de jugo de naranja recién exprimido

Rinde 2 porciones • Preparación 10 minutos • Grado de dificultad 1

1. Coloque dos vasos altos en el congelador para que se enfríen. Reserve de 2 a 4 rebanadas pequeñas de mango para decorar.

2. Mezcle el mango restante, yogurt, hielo y jugo de naranja en una licuadora y licue hasta obtener una mezcla tersa.

3. Vierta en los vasos, cubra con las rebanadas de mango reservadas y sirva.

Si a usted le gustó esta receta, también le gustarán:

Smoothies de
MANGO Y DURAZNO

Smoothies
EXÓTICOS DE
TÉ VERDE

Smoothies de
FRUTA EXÓTICA

Smoothies de PLÁTANO Y NUEZ

2   plátanos
2   tazas (500 ml) de yogurt natural ligero (light)
$^1/_2$ taza (60 g) de nueces picadas
1   cucharadita de canela molida
3   cucharaditas de miel de abeja
$^1/_4$ cucharadita de nuez moscada molida

Rinde 2 porciones • Preparación 10 minutos + 2 horas de refrigeración • Grado de dificultad 1

1. Retire la cáscara de los plátanos y corte en trozos de 2.5 cm (1 in). Congele aproximadamente 2 horas, hasta que se solidifiquen.

2. Coloque dos vasos altos en el congelador para que se enfríen.

3. Mezcle los plátanos, yogurt, nueces, canela, miel de abeja y nuez moscada en una licuadora y licue hasta obtener una mezcla tersa.

4. Vierta en los vasos y sirva.

Smoothies de
MELÓN Y ALMENDRA CON MANZANILLA

1	taza (250 ml) de leche de almendra (vea página 56)
2	manzanas, sin piel, descorazonadas y picadas
2	tazas (250 g) de melón cantaloupe (rock), partido en dados
¼	taza (60 g) de yogurt natural
1-2	cucharaditas de flores de manzanilla secas + las necesarias para adornar

Rinde 2 porciones • Preparación 10 minutos • Grado de dificultad 1

1. Coloque dos vasos medianos en el congelador para que se enfríen.

2. Mezcle la leche de almendra, manzanas, melón, yogurt y flores de manzanilla en una licuadora y licue hasta obtener una mezcla tersa.

3. Vierta en los vasos. Adorne con hojas de manzanilla y sirva.

Las frambuesas son una excelente fuente de vitamina C y de fósforo, selenio y fibra dietética.

Smoothies de CEREZA Y FRAMBUESA

1   taza (200 g) de cerezas
    congeladas sin azúcar

1   taza (200 g) de frambuesas
    frescas o congeladas

1   taza (250 ml) de yogurt
    natural ligero (light)
    congelado

1   taza (200 g) de hielo picado

1   taza (250 ml) de leche baja
    en grasa

1   cucharadita de extracto
    (esencia) de vainilla

    Cerezas frescas, para decorar

Rinde 2 ó 3 porciones • Preparación 10 minutos • Grado de dificultad 1

1. Coloque dos o tres vasos altos en el congelador para que se enfríen.

2. Licue las cerezas, frambuesas, yogurt, leche, hielo y extracto de vainilla en una licuadora hasta obtener una mezcla tersa.

3. Vierta en los vasos, adorne con las cerezas frescas y sirva.

Si a usted le gustó esta receta, también le gustarán:

Smoothies de
PLÁTANO Y CEREZA

Smoothies de
FRUTAS DEL BOSQUE

Smoothies de
CHOCOLATE
Y FRAMBUESA

Smoothies de **MELÓN Y KIWI**

2   tazas (200 g) de melón cantaloupe (rock), partido en cubos

1   manzana Granny Smith pequeña, sin piel, descorazonada y picada

1   kiwi, sin piel y picado

2   cucharadas de miel de abeja

1   cucharada de jugo de limón amarillo recién exprimido

½   taza (200 g) de hielo picado

Rinde 2 porciones • Preparación 10 minutos • Grado de dificultad 1

1. Coloque dos vasos medianos en el congelador para que se enfríen. Reserve algunos cubos de melón para adornar.

2. Mezcle el melón restante con la manzana, kiwi, miel de abeja, jugo de limón y hielo en una licuadora hasta obtener una mezcla tersa.

3. Vierta en los vasos, adorne con los cubos de melón reservados y sirva.

Smoothies de PAPAYA Y MARACUYÁ

2	papayas, sin cáscara, sin semillas y picada
	Pulpa de 3 maracuyás + 1 ó 2 cucharadas más para adornar
2	tazas (500 ml) de leche
1/3	taza (90 ml) de leche condensada dulce
1	taza (250 ml) de yogurt de vainilla
1	taza (250 ml) de hielo picado

Rinde 4 porciones • Preparación 15 minutos • Grado de dificultad 1

1. Coloque cuatro vasos altos en el congelador para que se enfríen.

2. Mezcle la papaya, maracuyá, leche, leche condensada, yogurt y hielo picado en una licuadora hasta obtener una mezcla tersa.

3. Vierta en los vasos fríos, adorne con el puré de maracuyá y sirva.

Éste es un delicioso smoothie para servir a la hora del desayuno en los cálidos meses del verano. Pique los duraznos y el mango desde la noche anterior y colóquelos en el congelador. En la mañana, usted sólo tendrá que licuar y servir.

Smoothie de MANGO Y DURAZNO

2 duraznos, sin hueso y rebanados

1 mango, sin piel y partido en dados

1 taza (250 ml) de yogurt natural bajo en grasa

1/2 taza (125 ml) de jugo de naranja recién exprimido

Rinde 2 porciones • Preparación 20 minutos + 4 horas para congelar • Cocción 5 minutos • Grado de dificultad 1

1. Prepare los duraznos y el mango y coloque en el congelador por lo menos durante 4 horas, hasta que se solidifiquen. Esto se puede hacer la noche antes de servirlo.

2. Coloque dos vasos altos o una jarra pequeña en el congelador para que se enfríen. Reserve algunas rebanadas de durazno y algunos cubos de mango para decorar.

3. Mezcle los duraznos y mango restantes con el yogurt y jugo de naranja en una licuadora y licue hasta obtener una mezcla tersa.

4. Vierta en los vasos o jarra, adorne con los trozos de fruta reservados y sirva.

Si a usted le gustó esta receta, también le gustarán:

Smoothies de
PLÁTANO Y DURAZNO

Smoothies de
MANGO

Jugo de
NARANJA

Smoothies de MANZANA Y CHABACANO

1	manzana Granny Smith orgánica
1	taza (250 ml) de jugo de manzana
4	chabacanos frescos o congelados
1	plátano
1	taza (250 ml) de yogurt natural
½	taza (120 ml) de hielo picado
1	cucharada de miel de abeja

Rinde 2 porciones • Preparación 10 minutos • Grado de dificultad 1

1. Coloque dos vasos altos en el congelador para que se enfríen. Corte la manzana a la mitad, retire el corazón y corte dos rebanadas para adornar.

2. Licue la manzana restante con el jugo de manzana, chabacanos, plátano, yogurt y hielo picado, hasta obtener una mezcla tersa.

3. Vierta en los vasos, adorne con la manzana y sirva.

Smoothies CARIBEÑOS

1	plátano
1	taza (250 ml) de yogurt natural ligero (light)
½	taza (75 g) de trozos de piña fresca
½	taza (75 g) de trozos de papaya fresca
¼	taza (60 ml) de leche de coco
4-6	cubos de hielo

Rinde 2 porciones • Preparación 10 minutos + 2 horas para congelar • Grado de dificultad 1

1. Retire la cáscara del plátano y corte en trozos de 2.5 cm (1 in). Congele aproximadamente 2 horas, hasta que se solidifiquen.

2. Coloque dos vasos altos en el congelador para que se enfríen. Reserve una o dos rebanadas de piña o papaya para decorar los vasos.

3. Mezcle el plátano, yogurt, piña, papaya, leche de coco y cubos de hielo en una licuadora y licue hasta obtener una mezcla tersa.

4. Vierta en los vasos, adorne con la piña o papaya reservada y sirva.

Estos smoothies contienen linaza. La semilla de linaza es una excelente fuente de ácidos grasos omega-3 y fibra insoluble, la cual ayuda a regular los niveles de colesterol, la glucosa en la sangre y la digestión. Si usted no está acostumbrado a comer semilla de linaza, empiece con cantidades pequeñas. Tiene un alto contenido de fibra y puede causar diarrea y retortijones.

Smoothies de MORAS AZULES Y ALMENDRA

1	plátano
16	almendras enteras
1/4	taza (30 g) de hojuelas de avena
1	cucharada de linaza + semillas de linaza, para decorar (opcional)
1	taza (200 g) de moras azules congeladas
1	taza (250 ml) de yogurt de frambuesa
1/2	taza (125 ml) de jugo de uva
1	taza (250 ml) buttermilk o yogurt natural

Rinde de 2 a 4 porciones • Preparación 10 minutos + 2 horas de congelación • Grado de dificultad 1

1. Retire la cáscara del plátano y corte en trozos de 2.5 cm (1 in). Congele aproximadamente 2 horas, hasta que se solidifiquen.

2. Coloque dos vasos altos en el congelador para que se enfríen.

3. Mezcle las almendras, avena y linaza en un procesador de alimentos y licue hasta moler finamente. Agregue el plátano congelado, moras azules congeladas, yogurt, jugo de uva y buttermilk y muela hasta obtener un puré terso.

4. Vierta en los vasos, adorne con semillas de linaza, si las usa, y sirva.

Si a usted le gustó esta receta, también le gustarán:

Smoothies de
MORAS AZULES

Smoothies de
FRESA Y MORAS
AZULES

Smoothies de
FRUTA ROJA FRESCA

Smoothies exóticos de **TÉ VERDE**

2	bolsas de té verde sabor menta
2	tazas (500 ml) de agua hirviendo
1	taza (200 g) de mango, sin piel y partido en dados
1	taza (200 g) de papaya, sin piel y partida en dados
2-3	cucharadas de miel de abeja
1	taza (250 ml) de hielo picado
¼	taza (60 ml) de jugo de limón amarillo recién exprimido + rebanadas delgadas de limón amarillo para adornar

Rinde 2 porciones • Preparación 10 minutos + 30 minutos para enfriar • Grado de dificultad 1

1. Remoje las bolsas de té en el agua hirviendo de 3 a 5 minutos. Retire y deje enfriar el té hasta que esté a temperatura ambiente.

2. Coloque dos vasos altos en el congelador para que se enfríen.

3. Mezcle el té, mango, papaya, miel de abeja y hielo picado en una licuadora hasta obtener una mezcla tersa.

4. Vierta en los vasos, adorne con el limón amarillo y sirva.

Smoothies de FRUTA EXÓTICA

1 plátano
1 piña pequeña, sin cáscara y picada
1 papaya, sin piel y picada
1 mango, sin piel y picado
1 guayaba, sin piel y picada
1 taza (250 ml) de jugo de arándano
1 taza (250 ml) de hielo picado

Rinde de 2 a 4 porciones • Preparación 15 minutos • Grado de dificultad 1

1. Coloque dos vasos altos en el congelador para que se enfríen.

2. Reserve algunos trozos de fruta fresca para adornar. Mezcle la piña, papaya, mango y guayaba restantes con el jugo de arándano y hielo en una licuadora hasta obtener una mezcla tersa.

3. Vierta en los vasos, adorne con la fruta y sirva.

Estos smoothies son muy saludables además de ser una forma ideal de empezar el día. Las piñas son una buena fuente de vitaminas C y B6, manganeso y cobre. También contienen ciertas enzimas digestivas con fuertes propiedades anti-inflamatorias. El germen de trigo es muy rico en nutrientes, especialmente vitaminas B, mientras que la linaza tiene un alto contenido de fibra y ácidos grasos omega 3.

Smoothies de
PIÑA Y ALMENDRA CON GERMEN DE TRIGO

2	tazas (350 g) de trozos de piña fresca
1	taza (250 ml) de jugo de piña
½	taza (120 ml) de leche de almendra (vea página 56)
1	plátano
2	cucharadas de germen de trigo
4	cucharaditas de linaza
½	taza (120 ml) de hielo picado

Rinde 2 porciones • Preparación 10 minutos • Grado de dificultad 1

1. Coloque dos vasos altos en el congelador para que se enfríen. Reserve algunos trozos de piña para decorar.

2. Mezcle los trozos restantes de piña, jugo, leche de almendra, plátano, germen de trigo, linaza y hielo picado en una licuadora y licue hasta obtener una mezcla tersa.

3. Vierta en los vasos, adorne con los trozos de piña reservados y sirva.

Si a usted le gustó esta receta, también le gustarán:

Smoothies
AMARILLOS Y VERDES EN CAPAS

Smoothies
CARIBEÑOS

Smoothies de
FRUTA EXÓTICA

Smoothies de **TOFU CON ARÁNDANO Y NARANJA**

1	taza (180 g) de arándanos secos
¹/₂	taza (120 ml) de jugo de naranja recién exprimido
¹/₂	taza (120 g) de tofu suave
2	naranjas, sin piel ni semillas
2	cucharadas de miel de abeja
1	cucharada de jengibre, finamente rallado

Rinde 2 porciones • Preparación 10 minutos • Grado de dificultad 1

1. Coloque dos vasos altos en el congelador para que se enfríen.

2. Mezcle los arándanos, jugo de naranja, tofu, naranjas, miel de abeja y jengibre en una licuadora y licue hasta obtener una mezcla tersa.

3. Vierta en los vasos fríos y sirva.

Smoothies de PIÑA, COCO Y NUEZ

2   plátanos
2   tazas (500 ml) de leche
1   taza (250 ml) de yogurt de vainilla
½   taza (120 ml) de piña triturada
2   cucharadas de coco seco (deshidratado), rallado
2   cucharadas de nueces tostadas y picadas, para decorar

Rinde de 2 a 4 porciones • Preparación 15 minutos + 2 horas para que se enfríen • Grado de dificultad 1

1. Retire la cáscara de los plátanos y corte en trozos de 2.5 cm (1 in). Congele aproximadamente 2 horas, hasta que se solidifiquen.

2. Coloque dos o cuatro vasos en el congelador para que se enfríen.

3. Mezcle el plátano congelado, leche, yogurt, piña y coco en una licuadora y licue hasta obtener una mezcla tersa.

4. Vierta en los vasos, espolvoree con las nueces y sirva.

La mezcla de moras azules y fresas es una maravillosa y saludable combinación. Muchos estudios científicos han demostrado que estas moras pueden ayudar a proteger contra diferentes tipos de cáncer, optimizar la capacidad cognitiva de las personas mayores y reducir las tasas de enfermedades cardiovasculares.

Smoothies de FRESA Y MORAS AZULES

1	plátano grande
1	taza (150 g) de fresas frescas, rebanadas
$1/2$	taza (75 g) de moras azules frescas + las necesarias para adornar
1	taza (250 ml) de leche
$1/2$	taza (120 ml) de yogurt de vainilla
$1/2$	taza (120 ml) de hielo picado
1	cucharadita de extracto (esencia) de vainilla

Rinde 2 porciones • Preparación 10 minutos • Grado de dificultad 1

1. Coloque dos vasos altos en el congelador para que se enfríen.

2. Mezcle el plátano, fresas, moras azules, leche, yogurt, hielo y vainilla en una licuadora y licue hasta obtener una mezcla tersa.

3. Vierta en los vasos, adorne con moras azules y sirva.

Si a usted le gustó esta receta, también le gustarán:

Smoothies de
FRUTA ROJA FRESCA

Smoothies de
FRESA Y AVENA PARA EL DESAYUNO

Smoothies de
FRESA

Smoothies de FRUTA ROJA FRESCA

½ taza (75 g) de moras azules frescas

½ taza (75 g) de frambuesas frescas + las necesarias para adornar

½ taza (75 g) de fresas frescas, rebanadas

⅓ taza (90 ml) de jugo de granada roja

⅓ taza (90 ml) de jugo de mango

1 taza (250 ml) de leche descremada

2 cucharadas de miel de abeja

Rinde 2 porciones • Preparación 10 minutos • Grado de dificultad 1

1. Coloque dos vasos altos en el congelador para que se enfríen.

2. Mezcle las moras azules, frambuesas, fresas, jugo de granada roja, jugo de mango, leche y miel de abeja en una licuadora y licue hasta obtener una mezcla tersa.

3. Vierta en los vasos fríos, adorne con las frambuesas y sirva.

Smoothies de FRESA Y AVENA PARA EL DESAYUNO

1   plátano, sin cáscara y picado

15   fresas frescas grandes, limpias

$1^1/_2$ taza (375 ml) de leche de soya

$^1/_2$ taza (60 g) de hojuelas de avena

2   cucharaditas de miel de abeja

$^1/_2$ cucharadita de extracto (esencia) de vainilla

      Algunas rebanadas de plátano o fresas para decorar

Rinde 2 porciones • Preparación 15 minutos + 12 horas para congelar • Grado de dificultad 1

1. Coloque el plátano y las fresas en el congelador desde la noche anterior para que se congelen.

2. Coloque dos vasos altos en el congelador para que se enfríen.

3. Mezcle el plátano congelado, fresas, leche de soya, hojuelas de avena, miel de abeja y extracto de vainilla en una licuadora y licue hasta obtener una mezcla tersa.

4. Vierta en los vasos, adorne con los plátanos y fresas y sirva.

Smoothies de
PERA CON ESPECIAS

Rinde 2 porciones • Preparación 15 minutos • Grado de dificultad 1

2	peras, sin piel, descorazonadas y partidas en cuartos	$\frac{1}{2}$	cucharadita de canela molida + la necesaria para espolvorear
1	plátano	$\frac{1}{8}$	cucharadita de nuez moscada molida
1	taza (250 ml) de leche	1	cucharada de azúcar sin procesar
$\frac{1}{2}$	taza (120 ml) de yogurt de vainilla		

1. Coloque dos vasos altos en el congelador para que se enfríen.

2. Mezcle las peras, plátano, leche, yogurt, canela y nuez moscada en una licuadora y licue hasta obtener una mezcla tersa.

3. Vierta en los vasos. Espolvoree con el azúcar sin procesar y canela y sirva.

Smoothies de
CREMA DE CACAHUATE

Rinde 2 porciones • Preparación 10 minutos • Grado de dificultad 1

2	tazas (500 ml) de leche de soya simple	4	cucharadas de crema de cacahuate
2	plátanos		

1. Coloque dos vasos altos en el congelador para que se enfríen. Reserve 2 ó 3 rebanadas de plátano para decorar.

2. Mezcle la leche de soya, plátano y crema de cacahuate en una licuadora y licue hasta obtener una mezcla tersa.

3. Vierta en un vaso, adorne con el plátano y sirva.

Smoothies de FRESA

Rinde 4 • Preparación 10 minutos • Grado de dificultad 1

2	tazas (300 g) de fresas frescas	1	taza (250 ml) de jugo de piña
2	plátanos	1	taza (250 ml) de yogurt de vainilla

1. Coloque cuatro vasos altos en el congelador para que se enfríen. Reserve cuatro fresas enteras para decorar.

2. Mezcle las fresas restantes, plátanos, jugo de piña y yogurt en una licuadora y licue hasta obtener una mezcla tersa.

3. Vierta en los vasos. Adorne cada uno presionando una fresa entera sobre el lado del vaso.

Smoothies de MANGO

Rinde de 2 a 4 porciones • Preparación 10 minutos • Grado de dificultad 1

500	gramos (1 lb) de mango fresco o congelado	1	taza (250 ml) de leche de coco
$\frac{1}{3}$	taza (90 ml) de jugo de limón verde recién exprimido	$\frac{1}{4}$	taza (60 g) de yogurt espeso estilo griego
		10	cubos de hielo

1. Coloque dos o cuatro vasos altos en el congelador para que se enfríen.

2. Mezcle el mango, leche de coco, jugo de limón verde, yogurt y hielo en una licuadora y licue hasta obtener una mezcla tersa.

3. Vierta en los vasos fríos y sirva.

smoothies de verdura

Smoothies de ZANAHORIA Y LIMÓN VERDE CON CILANTRO

1 taza (250 ml) de jugo de naranja recién exprimido

1 taza (200 g) de zanahorias rebanadas cocidas

Jugo de 1 limón verde recién exprimido + rebanadas para decorar

$^1/_2$ taza (120 g) de yogurt natural

4-6 cubos de hielo

Hojas de cilantro fresco para decorar

Rinde 2 porciones • Preparación 10 minutos • Grado de dificultad 1

1. Coloque dos vasos altos en el congelador para que se enfríen.

2. Mezcle el jugo de naranja, zanahorias, jugo de limón y cubos de hielo en una licuadora, hasta obtener una mezcla tersa.

3. Vierta en los vasos, decore con las rebanadas de limón y el cilantro y sirva.

Si a usted le gustó esta receta, también le gustarán:

44

Smoothies de
ZANAHORIA,
MANZANA Y PEPINO

50

Smoothies de
CHÍCHAROS Y
ZANAHORIA

56

Smoothies
desintoxicantes de
CILANTRO Y
ALMENDRA

No permita que sus smoothies reposen después de haberse licuado, sírvalos de inmediato mientras que los preciosos nutrientes que contienen están frescos y llenos de energía. Hemos sugerido enfriar los vasos antes de rellenarlos. Esto hará que los smoothies sepan deliciosamente frescos y puros.

Smoothies de ZANAHORIA, MANZANA Y PEPINO

1   pepino, sin piel

2   zanahorias, picadas en trozos

$^2/_3$ taza (150 ml) de jugo de manzana

2   cucharadas de jugo de limón amarillo, recién exprimido

Rinde 2 porciones • Preparación 10 minutos • Grado de dificultad 1

1.   Coloque dos vasos altos en el congelador para que se enfríen. Reserve unas cuantas rebanadas de pepino con piel para decorar y poder morder para acompañar la bebida.

2.   Mezcle las zanahorias, pepino, jugo de manzana y jugo de limón en una licuadora hasta obtener una mezcla tersa.

3.   Vierta en los vasos. Decore con las rebanadas de pepino y sirva.

Si a usted le gustó esta receta, también le gustarán:

Smoothies de
ZANAHORIA Y LIMÓN VERDE

Jugo de
ZANAHORIA, MANZANA Y APIO

Jugo de
CAMOTE, ZANAHORIA Y MANZANA

Smoothies de PEPINO Y JITOMATE CON SALSA PICANTE

1	pepino pequeño, sin piel y picado
1	taza (250 ml) de jugo de tomate
1-2	cucharaditas de salsa inglesa
4-6	gotas de salsa picante tipo Tabasco
1/2	taza (120 g) de hielo picado
2	tallos de apio
	Páprika picante, para espolvorear (opcional)

Rinde 2 porciones • Preparación 10 minutos • Grado de dificultad 1

1. Coloque dos vasos altos en el congelador para que se enfríen.

2. Mezcle el pepino, jugo de tomate, salsa inglesa, salsa picante y hielos en una licuadora hasta obtener una mezcla tersa.

3. Vierta en los vasos. Decore con los tallos de apio y espolvoree con la páprika, si lo desea. Sirva de inmediato.

Smoothies de DE APIO Y SOYA CON ESPECIAS

½ taza (125 ml) de leche de soya
2   tallos de apio + 1 más para servir
2   cucharadas de apionabo, picado
1   jitomate
½ cucharadita de polvo de curry
¼ cucharadita de cúrcuma
⅛ cucharadita de comino molido

Rinde 1 porción • Preparación 10 minutos • Grado de dificultad 1

1. Coloque dos vasos altos en el congelador para que se enfríen.

2. Mezcle la leche de soya, apio, apionabo, jitomate, polvo de curry, cúrcuma y comino en una licuadora y licue hasta obtener una mezcla tersa.

3. Vierta en el vaso y sirva decorando con el tallo extra de apio.

Los betabeles, también conocidos como remolacha, son tubérculos altamente nutritivos y saludables. Contienen un único pigmento antioxidante el cual protege contra las enfermedades coronarias e infartos del corazón y para reducir los niveles de colesterol.

Smoothies de BETABEL Y MANZANA

400	gramos (14 oz) de betabeles cocidos
$\frac{1}{2}$	taza (120 ml) de jugo de manzana
2	manzanas, sin piel, descorazonadas y picadas
2	tallos de apio, picados
1	cucharada de vinagre balsámico
1	cucharadita de jengibre, finamente picado
1	diente de ajo
1-2	cucharadas de crema ácida para decorar

Rinde 4 porciones • Preparación 15 minutos • Grado de dificultad 1

1. Coloque cuatro vasos altos en el congelador para que se enfríen.

2. Pique 1 ó 2 cucharadas de betabeles en cubos pequeños y reserve para decorar.

3. Mezcle los betabeles restantes con las manzanas, jugo de manzana, apio, vinagre balsámico, jengibre y ajo en una licuadora hasta obtener una mezcla tersa.

4. Vierta en los vasos, cubra con la crema ácida y los trozos de betabel y sirva.

Si a usted le gustó esta receta, también le gustarán:

Jugo de
MANZANA VERDE
Y APIO

Jugo de
MANZANA Y JENGIBRE

Jugo de
COL Y MANZANA
CON FRESAS

Smoothies de PEREJIL Y LIMÓN AMARILLO

Rinde 2 porciones • Preparación 10 minutos • Grado de dificultad 1

2	limones amarillos, sin piel ni semillas	2	plátanos
2	tazas (100 g) de perejil fresco de hoja plana, sin los tallos duros	2-3	cucharadas de miel de abeja
		2	tazas (500 ml) de hielo picado

1. Coloque dos vasos altos en el congelador para que se enfríen.

2. Mezcle los limones, perejil, plátanos, miel y hielo en una licuadora hasta obtener una mezcla tersa.

3. Vierta en los vasos y sirva.

Smoothies de CHÍCHAROS Y ZANAHORIA

Rinde 2 porciones • Preparación 10 minutos • Grado de dificultad 1

2	tazas (300 g) de chícharos cocidos	1	taza (250 ml) de jugo de manzana
1	taza (150 g) de zanahorias cocidas, picadas	1/2	taza (120 ml) de yogurt natural
1/2	taza (125 g) de puré de manzana	1	cucharada de menta fresca, picada + la necesaria para decorar

1. Mezcle los chícharos, zanahorias, puré de manzana, jugo de manzana, yogurt y menta en una licuadora hasta obtener una mezcla tersa.

2. Vierta en dos vasos, decore con ramas de menta y sirva.

Smoothies de CALABAZA Y CHABACANO

Rinde 2 porciones • Preparación 15 minutos • Grado de dificultad 1

1	taza (200 g) de puré de calabaza de invierno (enlatado o recién cocido al vapor en casa y machacado)	1 1/4	(300 ml) taza de leche baja en grasa
1	taza (180 g) de chabacanos frescos picados o enlatados	1/2	cucharadita de canela molida + la necesaria para espolvorear
1	cucharada de miel de abeja	1/4	cucharadita de nuez moscada molida
		1	taza (250 ml) de hielo picado

1. Coloque dos vasos altos en el congelador para que se enfríen.

2. Mezcle el puré de calabaza, chabacanos, miel, leche, canela, nuez moscada y hielo en una licuadora hasta obtener una mezcla tersa.

3. Vierta en los vasos y espolvoree con canela.

Smoothies de ESPINACA Y MORAS

Rinde 2 porciones • Preparación 10 minutos • Grado de dificultad 1

2	tazas (300 g) de moras azules frescas o congeladas	1	taza (250 ml) de yogurt
1	taza (50 g) de hojas de espinaca frescas	1/2	taza (120 ml) de leche
		1	cucharada de miel de abeja

1. Coloque dos vasos altos en el congelador para que se enfríen. Reserve algunas moras azules para decorar.

2. Mezcle las moras azules restantes con la espinaca, yogurt, leche y miel en una licuadora hasta obtener una mezcla tersa.

3. Vierta en los vasos, adorne la superficie con las moras reservadas y sirva.

Estos deliciosos y nutritivos smoothies se encuentran entre la consistencia de una sopa y de un smoothie. Sírvalos durante los meses de invierno.

Smoothies tibios de CEBOLLA, APIO Y PASTINACA

1½ taza (375 ml) de leche
2 cebollas, picadas en cuartos
2 tallos de apio, picados en trozos
1 pastinaca o chirivía, picada en trozos
½ cucharadita de anís estrella + el necesario para decorar

Rinde 4 porciones • Preparación 15 minutos • Cocción de 10 a 15 minutos • Grado de dificultad 1

1. Hierva la leche en una olla mediana. Añada las cebollas, apio y pastinaca; deje hervir a fuego lento de 10 a 15 minutos, hasta suavizar.

2. Vierta la mezcla de leche y el anís estrella en una licuadora y licue hasta obtener una mezcla tersa.

3. Vierta en vasos refractarios y decore cada uno con un anís estrella. Sirva tibio.

Si a usted le gustó esta receta, también le gustarán:

Smoothies de
APIO Y SOYA

Smoothies de
JITOMATE Y APIO

Smoothies de
VERDURAS
CONDIMENTADAS

Smoothies de HINOJO Y NARANJA

1   bulbo de hinojo, sin la corteza dura del exterior

2   naranjas, sin piel ni semillas

1   taza (50 g) de hojas de espinaca miniatura

$^1/_2$ taza (120 ml) de hielo picado

Rinde 2 porciones • Preparación 10 minutos • Grado de dificultad 1

1.   Coloque dos vasos altos en el congelador para que se enfríen.

2.   Mezcle el bulbo de hinojo, naranja, espinaca y hielo en una licuadora hasta obtener una mezcla tersa.

3.   Vierta en los vasos y sirva.

Smoothies de JITOMATE

6	jitomates medianos maduros
1	taza (250 ml) de jugo de jitomate
½	taza (120 ml) de jugo de manzana
2	zanahorias pequeñas, picadas
2	tallos de apio
1	taza (250 ml) de hielo picado

Rinde 2 porciones • Preparación de 5 a 10 minutos • Grado de dificultad 1

1. Coloque dos vasos altos en el congelador para que se enfríen.

2. Mezcle los jitomates, jugo de jitomate, jugo de manzana, zanahorias y apios en una licuadora y licue hasta obtener una mezcla tersa.

3. Vierta en los vasos y sirva.

Nuestra receta para preparar leche de almendra rinde 3 tazas (750 ml). Si no usa toda para preparar los smoothies, almacene la restante en el refrigerador hasta por 5 días.

Smoothies desintoxicantes de
CILANTRO Y ALMENDRA

Leche de Almendra

1	taza (150 g) de almendras crudas sin salar
4	tazas (1 litro) de agua de filtro o purificada
1	cucharadita de extracto (esencia) de vainilla

Smoothies

1/2	taza (125 ml) de leche de coco (fresca o enlatada)
1	papaya, sin semillas y picada
1	taza (50 g) de hojas de cilantro
6	fresas frescas + las necesarias para decorar
4	dátiles, sin hueso

Rinde 1 ó 2 porciones • Preparación 15 minutos + de 8 a 12 horas para remojar • Grado de dificultad 1

Leche de Almendra

1. Remoje las almendras por lo menos de 8 a 12 horas en 1 taza (250 ml) de agua. Escurra y deseche el agua.

2. Pase a una licuadora. Añada las 3 tazas (750 ml) restantes de agua y la vainilla, y licue hasta integrar por completo y obtener una mezcla tersa. Pase a través de un colador de malla fina.

Smoothies

1. Coloque uno o dos vasos en el congelador para que se enfríen.

2. Licue 1 taza (125 ml) de la leche de almendra con la leche de coco, papaya, cilantro, fresas y dátiles, hasta obtener una mezcla tersa.

3. Vierta en los vasos, decore con las fresas y sirva.

Si a usted le gustó esta receta, también le gustarán:

Smoothies de
ZANAHORIA Y
LIMÓN VERDE

Smoothies de
PEREJIL Y LIMÓN
AMARILLO

Smoothies de
HINOJO Y NARANJA

Smoothies de **AGUACATE**

2 tazas (500 ml) de leche de almendra (vea página 56)

1 aguacate, sin piel ni hueso

½ taza (120 ml) de hielo picado

Jugo recién exprimido de 1 limón verde + 2 rebanadas de limón para decorar

2-3 cucharadas de leche condensada dulce

Páprika picante, para espolvorear

Rinde 2 porciones • Preparación 10 minutos • Grado de dificultad 1

1. Coloque dos vasos altos en el congelador para que se enfríen.

2. Mezcle la leche de almendra, aguacate, hielo, jugo de limón y leche condensada en una licuadora hasta obtener una mezcla tersa.

3. Vierta en los vasos. Decore con las rebanadas de limón, espolvoree con la páprika y sirva.

Smoothies VERDES

1   plátano
1   manzana verde crujiente
     orgánica, descorazonada y
     picada
1   taza de uvas blancas sin
     semilla
1   taza de yogurt natural bajo
     en grasa
2   tazas (100 g) de hojas de
     espinaca

Rinde 2 porciones • Preparación de 5 a 10 minutos • Grado de
dificultad 1

1. Coloque dos vasos altos en el congelador para que se
   enfríen. Reserve algunas piezas de fruta para decorar.

2. Mezcle el plátano, manzana, uvas restantes con el yogurt y
   espinaca en una licuadora hasta obtener una mezcla tersa.

3. Vierta en los vasos. Inserte las rebanadas de plátano,
   manzana y uva en palillos y utilice para decorar las bebidas.
   Sirva.

Estos aromáticos smoothies son una gran botana o comida líquida sencilla.

Smoothies de
JITOMATE Y APIO CON HIERBAS FRESCAS

1/2	taza (25 g) de hojas de perejil fresco
1/2	taza (25 g) de hojas de menta fresca
1/2	taza (25 g) de hojas de cilantro fresco
500	gramos (1 lb) de jitomates, sin piel ni semilla, toscamente picados
1/2	taza (125 ml) de jugo de zanahoria
1	cucharada de jugo de limón amarillo recién exprimido
4	tallos de apio, sin hebras y rebanados
4	cebollitas de cambray, toscamente picadas

Rinde de 2 a 4 porciones • Preparación 15 minutos • Grado de dificultad 1

1. Coloque dos o cuatro vasos en el congelador para que se enfríen.

2. Reserve 2 ó 3 hojas de cada tipo de hierbas frescas para decorar.

3. Mezcle 1os jitomates, jugo de zanahoria, jugo de limón en una licuadora hasta integrar por completo. Añada el apio, cebollitas, perejil, menta y cilantro y licue hasta obtener una mezcla tersa.

4. Vierta en los vasos y decore con las hierbas reservadas.

Si a usted le gustó esta receta, también le gustarán:

Smoothies de
JITOMATE

Smoothies de
**VERDURAS
CONDIMENTADAS**

Jugo de
**JITOMATE HECHO
EN CASA**

Smoothies de VERDURAS CONDIMENTADAS

6	jitomates medianos en rama
2	pimientos (capsicums) rojos
1	calabacita (courguette)
½	cebolla blanca
1	diente de ajo
6	tallos de apio
1	cucharadita de semillas de linaza
1	cucharada de hojuelas de dulse rojo (palmaria palmata)
1	chile rojo fresco (peperoncino o serrano maduro sin semillas)
½	cucharadita de páprika picante + la necesaria para espolvorear
½	aguacate

Rinde 2 porciones • Preparación 10 minutos • Grado de dificultad 1

1. Coloque dos vasos altos en el congelador para que se enfríen.

2. Coloque los jitomates en una licuadora y licue hasta picar. Añada los pimientos, calabacita, cebolla, ajo, apio, semillas de linaza, hojuelas de dulse rojo, chile, páprika y aguacate y licue hasta obtener una mezcla tersa.

3. Vierta en los vasos, espolvoree con la páprika y sirva.

Smoothies de ESPINACA Y PERA

4   peras medianas dulces

4   tazas (200 g) de hojas de espinaca miniatura

Rinde 2 porciones • Preparación 10 minutos • Grado de dificultad 1

1. Coloque dos vasos altos en el congelador para que se enfríen.

2. Mezcle las peras con la espinaca en una licuadora hasta obtener una mezcla tersa.

3. Vierta en los vasos y sirva.

smoothies de postre

Smoothies de FRUTA Y LICOR DE NARANJA

½ taza (100 g) de azúcar

1 taza (250 ml) de licor de naranja, como Grand Marnier o algún otro

2 tazas (300 g) de frambuesas, congeladas

2 tazas (500 ml) de leche

1 taza (150 g) de arándanos rojos, congelados

½ taza (120 ml) de vodka

2 cucharadas de miel de abeja

3 tazas (750 ml) de helado de vainilla o chocolate blanco + el necesario, ya suavizado, para cubrir

Flores comestibles para adornar (opcional)

Rinde 6 porciones • Preparación 20 minutos • Grado de dificultad 2

1. Humedezca la orilla de seis copas para brandy con licor de naranja. Coloque el azúcar en un plato y recargue los bordes de las copas en el azúcar para que se cubran con los cristales. Coloque en el congelador.

2. Mezcle las frambuesas, leche, arándanos rojos, licor de naranja, vodka, miel y helado en una licuadora hasta suavizar.

3. Vierta en las copas preparadas teniendo cuidado de que no se caiga el azúcar de los bordes. Cubra cada uno con aproximadamente una cucharadita de helado y algunas flores comestibles, si lo desea.

Si a usted le gustó esta receta, también le gustarán:

Smoothies de
FRUTAS DEL BOSQUE

Smoothies de
PLÁTANO Y FRESA

Smoothies de
MORAS AZULES Y
QUESO CREMA

Las frutas del bosque y el helado se mezclan con leche para obtener un encantador y cremoso postre. Sirva con cucharas de mango largo para poder sacar la fruta. Puede variar las frutas del bosque dependiendo de las que tenga a la mano. Las grosellas negras, grosellas rojas, fresas y arándanos, todas quedan muy bien.

Smoothies de FRUTAS DEL BOSQUE

2	bolas de helado de vainilla
1	taza (200 g) de zarzamoras, congeladas
1	taza (200 g) de frambuesas, congeladas
1	taza (200 g) de moras azules, congeladas
1½	tazas (375 ml) de leche
1	cucharadita de jugo de limón amarillo recién exprimido
	Algunas frutas silvestres para adornar

Rinde 2 porciones • Preparación 10 minutos • Grado de dificultad 1

1. Coloque dos vasos grandes en el congelador para enfriar.

2. Mezcle el helado, zarzamoras, frambuesas, moras azules, leche y jugo de limón amarillo en una licuadora hasta suavizar.

3. Vierta en los vasos. Agregue algunas frutas del bosque frescas para adornar y sirva.

Si a usted le gustó esta receta, también le gustarán:

65

Smoothies de
FRUTA Y LICOR
DE NARANJA

74

Smoothies de
CHOCOLATE Y
FRAMBUESA

80

Smoothies de
FRAMBUESA Y
CHOCOLATE BLANCO

Smoothie de PLÁTANO Y MOKA

1	plátano
1	bola de helado de chocolate
³/₄	taza (180 ml) de leche
¹/₄	taza (60 g) de hielo picado
1	cucharadita de café instantáneo en polvo
1–2	cucharadas de jarabe de chocolate

Rinde 1 porción • Preparación 5 minutos • Grado de dificultad 1

1. Coloque un vaso grande en el congelador para enfriar.

2. Mezcle el plátano, helado, hielo y café en una licuadora hasta suavizar.

3. Vierta en los vasos, rocíe con el jarabe de chocolate y sirva.

Smoothies de CHOCOLATE PARA DESPUÉS DE CENAR

4   bolas de helado de chocolate

¼   taza (60 ml) de ron añejo

1   cucharada de kahlúa

1   cucharada de amaretto (licor de almendra)

1   taza (250 ml) de hielo picado

Crema batida para adornar

Láminas de chocolate para adornar

Rinde de 2 a 4 porciones • Preparación 10 minutos • Grado de dificultad 1

1. Coloque dos o cuatro vasos en el congelador para enfriar.

2. Mezcle el helado, ron, kahlúa, amaretto y el hielo en una licuadora hasta suavizar.

3. Vierta en los vasos, cubra con una cucharada de crema y láminas de chocolate y sirva.

Asegúrese de elegir los vasos adecuados para estos atractivos smoothies. Necesitará vasos altos con mucho espacio para poder bañarlos con salsa de chocolate. Esta es una manera fácil de preparar un postre para invitados inesperados.

Smoothies de PLÁTANO CON CHOCOLATE Y NUECES

4	cucharadas de jarabe de chocolate
1	plátano
1$^1/_2$	taza (375 ml) de leche
1	bola de helado de vainilla + 2 cucharaditas copeteadas para adornar
1	cucharada de miel de abeja
1	cuadrado de chocolate negro, rallado
1	cucharada de mezcla de nueces, picadas

Rinde 2 porciones • Preparación 10 minutos • Grado de dificultad 1

1. Vierta una cucharada de jarabe de chocolate dentro de cada vaso, creando un diseño bonito. Coloque los vasos en el congelador para que se enfríe y endurezca el jarabe.

2. Mezcle el plátano, leche, helado y miel en una licuadora hasta suavizar.

3. Vierta en los vasos. Cubra cada uno con una cucharadita de helado suavizado, algunas nueces picadas, chocolate rallado y un chorrito del jarabe de chocolate restante. Sirva inmediatamente.

Si a usted le gustó esta receta, también le gustarán:

Smoothies de
PLÁTANO Y MOKA

Smoothies de
CHOCOLATE PARA
DESPUÉS DE CENAR

Smoothies de
BANANA SPLIT

Smoothies de CEREZA

Rinde 2 porciones • Preparación 10 minutos + 2 horas para enfriar • Grado de dificultad 1

1	plátano	1½	taza (375 ml) de jugo de manzana
1½	taza (350 g) de cerezas congeladas	2	cucharaditas de extracto (esencia) de vainilla
1	taza (250 ml) de helado de vainilla		

1. Retire la cáscara del plátano, córtelo en trozos de 2.5 cm (1 in). Deje enfriar en el congelador durante 2 horas, hasta solidificar.

2. Coloque dos vasos altos en el congelador para que se enfríen.

3. Mezcle el plátano, cerezas, helado, jugo de manzana y vainilla en una licuadora hasta suavizar.

4. Vierta en los vasos y sirva.

Smoothies de BANANA SPLIT

Rinde 2 a 4 porciones • Preparación 10 minutos • Grado de dificultad 1

2	plátanos	8	cubos de hielo
1	taza (250 g) de piña, molida	1	bola de helado de vainilla
1½	taza (375 ml) de leche	½	taza (120 ml) de crema para batir
6	fresas frescas		Jarabe de chocolate
2	cucharadas de miel de abeja		Cerezas Maraschino

1. Coloque dos o cuatro vasos en el congelador para enfriar.

2. Mezcle los plátanos, piña, leche, fresas y miel en una licuadora hasta suavizar. Añada el hielo y el helado y licue hasta que esté medio derretido.

3. Vierta los smoothies en los vasos.

4. Bata la crema hasta espesar y, usando una cuchara, coloque sobre la superficie. Rocíe con jarabe de chocolate y cubra cada vaso con 1 ó 2 cerezas Maraschino.

Smoothies de CALABAZA Y ESPECIAS

Rinde 4 porciones • Preparación 10 minutos
• Grado de dificultad 1

180	gramos (6 oz) de queso crema, suavizado	½	cucharadita de especias para pay de calabaza o pimienta de Jamaica + la que se necesite para espolvorear
1	lata (400-g /15oz) de puré de calabaza de invierno, frío	1½	taza (375 ml) de leche
1	taza (250 g) de yogurt de vainilla	6	cubos de hielo
⅓	taza (75 g) compacta de azúcar moscabada		Crema batida
1½	taza (350 g) de helado de vainilla		Galletas lengua de gato para servir

1. Coloque cuatro vasos altos en el congelador para enfriar.

2. Mezcle el queso crema, calabaza, yogurt, azúcar mascabado, helado, especias, leche y cubos de hielo en una licuadora hasta suavizar.

3. Vierta en los vasos. Cubra con crema batida, espolvoree cada uno con un poco más de especias para pay de calabaza. Acompañe con las galletas.

Smoothies de CAFÉ

Rinde 2 porciones • Preparación 10 minutos • Grado de dificultad 1

1-2	cucharaditas de café instantáneo	2	cucharaditas de azúcar
1	taza (250 ml) de leche	4	cubos de hielo
1	cucharadita de extracto (esencia) de vainilla		Crema batida
			Láminas de chocolate

1. Coloque dos vasos en el congelador para enfriar.

2. Mezcle el café instantáneo, leche, vainilla y azúcar en una licuadora hasta suavizar.

3. Coloque 2 cubos de hielo en cada vaso, vierta el smoothie sobre el hielo. Adorne cada vaso con una cucharada de crema batida, las láminas de chocolate y sirva.

Smoothies de CHOCOLATE Y FRAMBUESA CON MENTA FRESCA

1   taza (250 ml) de leche de chocolate

1   bola de helado de chocolate

1½   taza (250 g) de frambuesas frescas + las necesarias para adornar

1   plátano pequeño

    Ramas de menta fresca para servir

Rinde de 2 a 4 porciones • Preparación 10 minutos • Grado de dificultad 1

1. Coloque dos vasos altos en el congelador para enfriar.

2. Mezcle la leche de chocolate, helado, frambuesas y plátano en una licuadora hasta suavizar.

3. Vierta en los vasos, adorne con las ramas de menta y sirva.

Smoothies de PLÁTANO Y FRESA CON CHOCOLATE Y CREMA

2	tazas (300 g) de fresas frescas
2	plátanos
1	taza (250 ml) de jugo de piña
1	taza (250 ml) de yogurt de vainilla congelado
	Jarabe de chocolate para adornar

Rinde de 2 a 4 porciones • Preparación 10 minutos • Grado de dificultad 1

1. Coloque dos o cuatro vasos en el congelador para enfriar. Rebane cuatro fresas para adornar. Reserve 2 ó 4 cucharaditas de yogurt para adornar.

2. Mezcle las fresas restantes, plátanos, jugo de piña y yogurt en una licuadora hasta suavizar.

3. Vierta en los vasos, adorne con las fresas, yogurt y jarabe de chocolate y sirva.

Estos smoothies adquieren su encantador y pálido color violeta azulado de la mezcla de moras azules y queso crema. Si usa frambuesas en lugar de moras azules, obtendrá unos smoothies de color rosa pálido.

Smoothies de MORAS AZULES Y QUESO CREMA

2	tazas (500 ml) de leche
1	taza (250 ml) de yogurt de vainilla congelado
1	taza (250 ml) de moras azules frescas o congeladas
½	taza (125 g) de queso crema
1	cucharada de azúcar
2-4	cucharadas de galletas tipo María (Graham crackers), molidas, para adornar

Rinde de 2 a 4 pociones • Preparación 10 minutos • Grado de dificultad 1

1. Coloque dos o cuatro vasos en el congelador para enfriar.

2. Mezcle la leche, yogurt, moras azules, queso crema y azúcar en una licuadora hasta suavizar.

3. Vierta en los vasos, espolvoree con las galletas molidas y sirva.

Si a usted le gustó esta receta, también le gustarán:

Smoothies de
SOYA Y MORAS

Smoothies de
MORAS AZULES Y
ALMENDRA

Smoothies de
FRUTAS DEL BOSQUE

Smoothies de MANZANA Y PAY DE CALABAZA

1¹/₂   taza (350 g) de helado de vainilla

¹/₂   taza (120 g) de relleno para pay sabor calabaza

1   plátano, partido en trozos

2   tazas (500 ml) de jugo de manzana

1   cucharadita de canela, molida

¹/₈   cucharadita de nuez moscada, molida

Rebanadas de manzana Granny Smith para acompañar

Rinde de 2 a 4 porciones • Preparación 10 minutos • Grado de dificultad 1

1. Coloque dos o cuatro vasos en el congelador para enfriar.

2. Mezcle el helado, relleno para pay sabor calabaza, plátano, jugo de manzana, canela y nuez moscada en una licuadora hasta suavizar.

3. Vierta en los vasos y acompañe con las rebanadas de manzana.

Smoothies de PAY DE CALABAZA

½	taza (120 ml) de leche de coco
½	taza (120 ml) de agua
2	tazas (400 g) de puré de calabaza cocida
1	cucharada de azúcar mascabado + la necesaria para adornar
1	cucharadita de canela, molida
½	cucharadita de jengibre, molido
¼	cucharadita de nuez moscada, molida
1	cucharadita de extracto (esencia) de vainilla
12	cubos de hielo

Rinde 2 porciones • Preparación 10 minutos • Grado de dificultad 1

1. Coloque dos vasos en el congelador para enfriar.

2. Mezcle la leche de coco, agua, calabaza, azúcar moscabada, canela, jengibre, nuez moscada y vainilla en una licuadora hasta suavizar. Añada el hielo y vuelva a licuar.

3. Vierta en los vasos, espolvoree con un poco más de azúcar y sirva.

80

Un smoussie se obtiene al mezclar un smoothie con un mousse. Para cambiar esta receta, puede sustituir el chocolate blanco por la misma cantidad de chocolate de leche o amargo.

Smoussies de FRAMBUESA Y CHOCOLATE BLANCO

350 gramos (12 oz) de frambuesas frescas o congeladas + las necesarias para adornar

2 cucharadas de azúcar

2 cucharadas de licor de naranja como Grand Marnier o algún otro

250 gramos (8 oz) de chocolate blanco

2 tazas (500 ml) de crema para batir

Rinde 6 porciones • Preparación 20 minutos • Cocción 10 minutos • Grado de dificultad 2

1. Coloque seis vasos para postre en el congelador para enfriar.

2. Mezcle las frambuesas, azúcar y licor de naranja en una licuadora hasta suavizar. Presione a través de un colador de malla fina para retirar las semillas. Deberá tener cerca de 1 taza (250 ml) de salsa.

3. Derrita el chocolate con 1/2 taza (120 ml) de crema en un hervidor doble (baño María) sobre agua hirviendo a fuego lento. Reserve y deje enfriar. Integre 2 cucharadas de la salsa de frambuesa.

4. Bata 1 1/2 taza (375 ml) de la crema restante hasta espesar. Incorpore una tercera parte de la crema en la mezcla de chocolate fría usando movimiento envolvente. Continúe incorporando la crema restante.

5. Usando una cuchara, coloque la mezcla de chocolate en los vasos alternando con la salsa de frambuesas. Adorne con frambuesas frescas y sirva.

Si a usted le gustó esta receta, también le gustarán:

Smoothies de
**FRUTA Y LICOR
DE NARANJA**

Smoothies de
PLÁTANO Y FRESA

Smoothies de
**MORAS AZULES Y
QUESO CREMA**

Smoothies de PLÁTANO AL CARAMELO

2	plátanos
1	taza (250 g) de yogurt de vainilla
1	taza (250 ml) de leche de soya sabor vainilla
1/2	cucharadita de canela, molida
2–3	cucharadas de salsa de caramelo

Rinde 2 porciones • Preparación 10 minutos • Grado de dificultad 1

1. Retire la cáscara de los plátanos y corte en trozos de 2.5 cm (1 in). Congele cerca de 2 horas hasta solidificar.

2. Coloque dos vasos en el congelador para enfriar.

3. Mezcle los plátanos, yogurt, leche de soya y canela en una licuadora hasta suavizar.

4. Vierta en los vasos, rocíe con la salsa de caramelo y sirva.

Smoothies de CHOCOLATE DE MENTA

2   tazas (500 ml) de leche

2   tazas (500 g) de helado de vainilla

4   cucharadas de chocolate en polvo instantáneo endulzado

1   cucharadita de extracto (esencia) de vainilla

$^1/_2$ cucharadita de extracto (esencia) de menta

Ramas de menta fresca para adornar

Rinde de 2 a 4 porciones • Preparación de 5 a 10 minutos • Grado de dificultad 1

1. Coloque dos o cuatro vasos en el congelador para enfriar.

2. Mezcle la leche, helado, chocolate, vainilla y extracto de menta en una licuadora hasta suavizar.

3. Vierta en los vasos, adorne con la menta y sirva.

Estos smoothies se hacen con leche y crema de soya, y no contienen lácteos.

Smoothies de SOYA CON SANDÍA Y ARÁNDANO

2	plátanos
3	tazas (400 g) de sandía, picada, sin semillas
1	taza (250 ml) de jugo de arándano rojo
2	bolas de helado de leche de soya sabor vainilla
	Crema de leche de soya batida, para adornar

Rinde de 2 a 4 porciones • Preparación 10 minutos • Grado de dificultad 1

1. Retire la cáscara de los plátanos, corte en trozos de 2.5 cm (1 in). Enfríe en el congelador cerca de 2 horas, hasta que se solidifique.

2. Coloque dos o cuatro vasos en el congelador para enfriar. Reserve unos cubos de sandía para adornar los smoothies.

3. Mezcle el plátano, la sandía restante, jugo de arándano y helado en una licuadora hasta suavizar.

4. Vierta en los vasos, cubra con crema batida y los cubos de sandía reservados y sirva.

Si a usted le gustó esta receta, también le gustarán:

Smoothies de
SOYA Y MORAS

Smoothies de
FRESA Y AVENA PARA EL DESAYUNO

Smoothies de
CEREZA

Smoothies de CAPPUCCINO

1   taza (250 ml) de café negro
     muy cargado
1   taza (250 ml) de leche
2   bolas de helado de vainilla
1   cucharada de café
     instantáneo en polvo
1   cucharadita de extracto
     (esencia) de vainilla
1/3 taza (90 ml) de crema
     para batir
     Granos de café para adornar

Rinde 2 porciones• Preparación 10 minutos • Grado de dificultad 1

1. Coloque dos vasos altos en el congelador para enfriar.

2. Mezcle el café, leche, helado y café instantáneo en una
   licuadora hasta suavizar.

3. Bata la crema en un tazón pequeño hasta espesar.

4. Vierta el smoothie en los vasos fríos. Usando una cuchara,
   cubra con la crema para crear una cubierta estilo café
   capuchino. Decore con los granos de café.

Smoothies AZTECAS DE CHOCOLATE DOBLE

2	bolas de helado de chocolate amargo
1½	taza (375 ml) de leche
¼	taza (60 ml) de jarabe de chocolate
½	cucharadita de chiles secos desmenuzados + los necesarios para adornar
½	taza (120 ml) de hielo picado
	Crema batida para adornar
	Láminas de chocolate para adornar

Rinde 2 porciones • Preparación 10 minutos • Grado de dificultad 1

1. Coloque dos vasos en el congelador para enfriar.

2. Mezcle el helado, leche, jarabe de chocolate, chiles y hielo picado en una licuadora hasta suavizar.

3. Vierta en los vasos, cubra con crema batida y las láminas de chocolate. Espolvoree con un poco de chile y sirva.

Estos deliciosos smoothies son sencillos, rápidos de hacer y sumamente versátiles. Puede prepararlos y servirlos al final de una comida familiar tan fácilmente como al final de una cena especial. ¡Son ideales para cualquier ocasión!

Smoothies de CAPPUCCINO DE CHOCOLATE

8-10 cubos de hielo

1¹/₂ taza (375 ml) de café negro cargado, frío

1 taza (250 ml) de crema para batir

1 taza (250 ml) de helado de yogurt sabor vainilla

4 cucharadas de jarabe de chocolate

Granos de café cubiertos de chocolate

Rinde 2 porciones • Preparación 10 minutos • Grado de dificultad 1

1. Coloque dos vasos en el congelador para enfriar.

2. Coloque dos cubos de hielo en cada vaso y vierta el café sobre los hielos.

3. Mezcle la crema, helado de yogurt y jarabe de chocolate en una licuadora hasta suavizar.

4. Vierta en los vasos sobre el café. Adorne con los granos de café cubiertos de chocolate y sirva.

Si a usted le gustó esta receta, también le gustarán:

Smoothies de
**PLÁTANO CON
CHOCOLATE Y NUECES**

Smoothies de
CAPPUCCINO

Smoothies de
**AZTECAS DE
CHOCOLATE DOBLE**

jugos

Jugo de AGUACATE CON WASABE

¹/₂ lechuga romana
2 limones verdes, sin cáscara
1 pepino pequeño, sin piel
ni semillas
1 aguacate, sin cáscara ni hueso
2 cucharaditas de wasabe
8-10 cubos de hielo

Rinde 2 porciones • Preparación 15 minutos • Grado de dificultad 1

1. Usando un extractor de jugos, prepare el jugo con la lechuga, limones y pepino y pase a una jarra.

2. Reserve algunos cubos pequeños de aguacate. Mezcle el aguacate restante con el jugo preparado y el wasabe en una licuadora hasta suavizar.

3. Coloque los cubos de hielo en dos vasos medianos y vierta la mezcla de aguacate sobre ellos. Cubra con los cubos de aguacate reservados y sirva.

Si a usted le gustó esta receta, también le gustarán:

Smoothies de
AGUACATE

Smoothies de
VERDURAS
CONDIMENTADAS

Jugo de
UVA Y PEPINO

Los estudios han demostrado una y otra vez que las frutas y verduras convencionalmente cultivadas tienen algunas veces residuos de pesticidas. Todas las frutas frescas y las verduras siempre deberán lavarse a conciencia. Nunca debe comerse la piel o la ralladura de las frutas y verduras cultivadas convencionalmente. Se sugiere que use frutas y verduras orgánicas para todas las recetas de este libro, aunque solamente especifiquemos que sea orgánica cuando los ingredientes incluyen una fruta con piel o su ralladura.

Jugo de MANZANA VERDE Y APIO

4   manzanas Granny Smith orgánicas

6-7   tallos de apio

$^1/_2$ limón amarillo, sin cáscara ni semillas

Rinde 1 ó 2 porciones • Preparación 10 minutos • Grado de dificultad 1

1. Usando un extractor de jugos, prepare el jugo con las manzanas, 5 tallos de apio y el limón y pase a una jarra.

2. Vierta el jugo en uno o dos vasos, o acompañe con el tallo de apio restante para morderlo mientras toma su bebida.

Si a usted le gustó esta receta, también le gustarán:

Smoothies
VERDES

Jugo de
ZANAHORIA,
MANZANA Y APIO

Jugo de
CAMOTE, ZANAHORIA
Y MANZANA

Jugo de ZANAHORIA, MANZANA Y APIO

94

2 zanahorias
2 tallos de apio
1 manzana orgánica, descorazonada
1 diente de ajo
1 trozo (1 cm / ¹/₂ in) de jengibre
¹/₂ limón amarillo

Rinde 1 porción • Preparación 10 minutos • Grado de dificultad 1

1. Usando un extractor de jugos, prepare el jugo con las zanahorias, apio, manzana, ajo, jengibre y limón y pase a una jarra.

2. Vierta en un vaso y sirva.

Jugo de SALSA MEXICANA FRESCA

1   chile jalapeño fresco
2   jitomates grandes
1   cebolla pequeña
$\frac{1}{2}$ taza (25 g) de hojas de
     cilantro fresco
$\frac{1}{2}$ limón amarillo

Rinde 1 porción • Preparación 15 minutos • Grado de dificultad 1

1. Corte una rebanada muy delgada de limón amarillo para adornar.

2. Usando un extractor de jugos prepare el jugo con los jitomates, chile, cebolla, cilantro y limón amarillo y pase a una jarra.

3. Vierta el jugo en un vaso, adorne con el limón amarillo y sirva.

El polvo de dulse rojo se hace al moler finamente un tipo de alga marina (palmaria palmata). Es muy rico en nutrientes y tiene un distintivo sabor. Se puede usar en lugar de sal para darle sabor a los jugos, sopas, ensaladas y salteados.

Jugo de CAMOTE, ZANAHORIA Y MANZANA

2	zanahorias
2	manzanas orgánicas, descorazonadas
1	camote
1/2	cebolla morada pequeña
1/8	cucharadita de polvo de dulse rojo (palmaria palmata)

Rinde 2 porciones • Preparación 10 minutos • Grado de dificultad 1

1. Usando un extractor de jugos prepare el jugo con las zanahorias, camote, manzanas, cebolla y polvo de dulse rojo y pase a una jarra.

2. Vierta en dos vasos y sirva.

Si a usted le gustó esta receta, también le gustarán:

Smoothies de
ZANAHORIA,
MANZANA Y PEPINO

Jugo de
ZANAHORIA,
MANZANA Y APIO

Jugo de
NARANJA, APIO
Y CAMOTE

Jugo de ZANAHORIA Y CILANTRO

Rinde 1 porción • Preparación 10 minutos • Grado de dificultad 1

2	zanahorias		Hojas de cilantro fresco, picado
1	naranja, sin cáscara ni semillas		Ralladura de naranja orgánica para adornar
½	llimón amarillo, sin cáscara ni semillas		

1. Usando un extractor de jugos prepare el jugo con las zanahorias, naranja y limón amarillo y pase a una jarra. Agregue el cilantro y mezcle hasta integrar por completo.

2. Tuerza la cáscara de naranja sobre la bebida para que suelte su aceite aromático y déjela caer en la bebida. Sirva.

Jugo de HINOJO Y CEREZA

Rinde 1 porción • Preparación 10 minutos • Grado de dificultad 1

3	tazas (450 g) de cerezas, sin hueso	½	bulbo de hinojo
2	tazas (300 g) de uvas verdes, sin semillas	1	limón amarillo, sin cáscara ni semillas

1. Usando un extractor de jugos prepare el jugo con las cerezas, uvas, hinojo y limón amarillo y pase a una jarra.

2. Vierta en un vaso y sirva.

Jugo de MANZANA Y JENGIBRE

Rinde 1 porción • Preparación 10 minutos • Grado de dificultad 1

4	manzanas orgánicas, descorazonadas	1	trozo (1cm/½ in) de jengibre, sin piel
1	taza de uvas verdes, sin semillas	½	cucharadita de canela molida

1. Usando un extractor de jugos prepare el jugo con las manzanas, uvas y jengibre y pase a una jarra.

2. Agregue la canela, mezcle y vierta en un vaso.

Jugo de UVA Y PEPINO

Rinde 1 porción • Preparación 10 minutos • Grado de dificultad 1

2	tazas (300 g) de uvas verdes, sin semillas	1	pepino
2	manzanas orgánicas, descorazonadas	1	taza (50 g) de berros frescos
		½	limón amarillo

1. Reserve algunas rebanadas muy delgadas de pepino para adornar.

2. Usando un extractor de jugos prepare el jugo con las uvas, manzanas, pepino, berros y limón y pase a una jarra.

3. Vierta en vasos, agregue una o dos rebanadas de pepino para que floten sobre la superficie y sirva.

Jugo de ZANAHORIA, APIO, PEPINO Y JITOMATE

4	zanahorias medianas
4	tallos de apio
2	jitomates
1	pepino

Rinde de 2 a 4 porciones • Preparación 10 minutos • Grado de dificultad 1

1. Antes de empezar a hacer el jugo, corte algunas rebanadas o bastones de zanahoria y apio para morder mientras toma su bebida.

2. Usando un extractor de jugos prepare el jugo con las zanahorias, apio, jitomates y pepino y pase a una jarra. Revuelva, vierta en vasos. Acompañe con la zanahoria y apio.

Jugo de NARANJA,
APIO Y CAMOTE CON JENGIBRE

4   naranjas, sin cáscara ni semillas

4   tallos de apio

1   camote

1   trozo (2.5 cm/1 in) de jengibre

Rinde 2 porciones • Preparación 10 minutos • Grado de dificultad 1

1. Usando un extractor de jugos prepare el jugo con las naranjas, apio, camote y jengibre, pase a una jarra.

2. Vierta en dos vasos y sirva.

La toronja es una excelente fuente de vitamina C. Las variedades roja y rosa también contienen vitamina A y carotenos que actúan tan potentemente como los antioxidantes. Una sola toronja contiene más de 150 fitonutrientes que se cree que ayudan a combatir el envejecimiento, alergias, enfermedades del corazón, cáncer y úlceras.

Jugo de TORONJA, PERA Y CAMOTE

3   toronjas rosas, sin cáscara ni semillas

2   peras grandes orgánicas, descorazonadas

1   camote

Rinde 1 ó 2 porciones • Preparación 10 minutos • Grado de dificultad 1

1. Usando un extractor de jugos prepare el jugo con las toronjas, peras y camote y pase a una jarra.

2. Vierta en uno o dos vasos y sirva.

Si a usted le gustó esta receta, también le gustarán:

Smoothies de
PERA CON ESPECIAS

Jugo de
CAMOTE, ZANAHORIA Y MANZANA

Jugo de
NARANJA, APIO Y CAMOTE

Jugo de COL Y MANZANA CON FRESAS

½   col verde pequeña
2   espárragos frescos
2   manzanas orgánicas,
     descorazonadas
1   zanahoria mediana
6-8   fresas frescas

Rinde 2 porciones • Preparación 10 minutos • Grado de dificultad 1

1. Reserve dos tallos de espárragos para adornar.

2. Usando un extractor de jugos prepare el jugo con la col, espárragos restantes, manzanas, zanahoria y fresas y pase a una jarra.

3. Vierta en dos vasos, adorne con los espárragos y sirva.

Jugo de ESPINACA, SOYA Y TRIGO CON GINKO

2   tazas (100 g) de hojas frescas de espinaca miniatura

$^3/_4$ taza (180 ml) de leche de soya

3   cucharadas de pasto de trigo, picado

2   cucharadas de semillas de calabaza

1   cucharadita de ginko

Rinde 1 ó 2 porciones • Preparación 10 minutos • Grado de dificultad 1

1. Usando un extractor de jugos prepare el jugo con las espinacas, leche de soya, pasto de trigo, semillas de calabaza y ginko y pase a una jarra.

2. Vierta en uno o dos vasos y sirva.

El jugo de jitomate hecho en casa es mejor que la mayoría de las marcas comerciales las cuales tienen mucha sal y conservadores. Es muy fácil hacerlo y se puede conservar en el refrigerador hasta por 5 días. Use la cantidad de salsa picante deseada, dependiendo de qué tan picante quiera que sea el jugo.

Jugo de JITOMATE HECHO EN CASA

1.5	kilogramos (3 lb) de jitomates frescos maduros, descorazonados
6	tallos de apio con hojas, picados
1	cebolla blanca, mediana, picada
2	cucharadas de azúcar
1	cucharadita de sal
1/2	cucharadita de pimienta negra recién molida
1/2	cucharadita de salsa picante tipo Tabasco

Rinde 12 porciones • Preparación 15 minutos + 1 hora para enfriar • Cocción 30 minutos • Grado de dificultad 1

1. Mezcle los jitomates, apio, cebolla, azúcar, sal, pimienta y salsa picante en una olla grande sobre fuego medio. Lleve a ebullición y cuando suelte el hervor reduzca el fuego y deje hervir a fuego lento cerca de 30 minutos, hasta que se desbaraten.

2. Presione la mezcla a través de un colador de malla fina. Deje enfriar completamente y refrigere hasta el momento de usar.

Si a usted le gustó esta receta, también le gustarán:

Smoothies de
PEPINO Y JITOMATE

Smoothies de
JITOMATE

Smoothies de
JITOMATE Y APIO

Jugo de CHÍCHARO, MENTA Y ZANAHORIA

2   tazas (300 g) de chícharos frescos de hortaliza

4   zanahorias medianas

$^1/_2$ taza (25 g) de hojas frescas de menta + las necesarias para adornar

Rinde 2 porciones • Preparación 10 minutos • Grado de dificultad 1

1. Usando un extractor de jugos prepare el jugo con los chícharos, zanahorias y menta y pase a una jarra.

2. Vierta en vasos, adorne con la menta y sirva.

Jugo de CÍTRICOS Y PEREJIL

3   kiwis
2   naranjas, sin cáscara ni semillas
1   toronja, sin cáscara ni semillas
½   taza (25 g) de perejil fresco

Rinde 1 porción • Preparación 10 minutos • Grado de dificultad 1

1. Reserve algunos cubos de kiwi para adornar. Usando un extractor de jugos prepare el jugo con las naranjas, toronja, kiwis restantes y perejil y pase a una jarra.

2. Vierta en un vaso. Ensarte los cubos de kiwi en un palillo y adorne el vaso antes de servir.

Los pimientos, también conocidos como capsicum, son famosos por sus valores nutritivos. Son una buena fuente de vitaminas A y C y beta-carotenos, así como de otros fitoquímicos. Los pimientos rojos son más nutritivos que los verdes.

Jugo de PIMIENTO, PEPINO Y ZANAHORIA

1	pimiento (capsicum) rojo, sin semillas, picado
1	pimiento (capsicum) amarillo, sin semillas, picado
1	pimiento (capsicum) verde, sin semillas, picado
1	pepino, sin piel
1	zanahoria

Rinde de 2 a 4 porciones • Preparación 10 minutos • Grado de dificultad 1

1. Reserve algunas tiras largas de pimiento para adornar.

2. Usando un extractor de jugos prepare el jugo con los pimientos, pepino y zanahoria y pase a una jarra. Vierta en vasos y acompañe con las tiras de pimiento.

Si a usted le gustó esta receta, también le gustarán:

Smoothies
DE VERDURAS
CONDIMENTADAS

Jugo de
ZANAHORIA,
ESPINACA Y AJO

Jugo desintoxicante de
VERDURAS Y
MANZANA

Sirva esta agradable bebida roja en el desayuno para empezar el día saludablemente.

El mejor jugo de MORAS

1	taza (150 g) de arándanos frescos
1	taza (150 g) de frambuesas
1	taza (150 g) de zarzamoras
1	manzana orgánica, descorazonada

Rinde 1 porción • Preparación 10 minutos • Grado de dificultad 1

1. Usando un extractor de jugos prepare el jugo con los arándanos, frambuesas, zarzamoras y manzana y pase a una jarra.

2. Vierta en un vaso y sirva.

Si a usted le gustó esta receta, también le gustarán:

Smoothies de
FRESA Y MORAS AZULES

Smoothies de
FRUTA ROJA FRESCA

Smoothies de
FRUTAS DEL BOSQUE

Jugo de ZANAHORIA, ESPINACA Y AJO

3   zanahorias

1   taza (50 g) de hojas frescas
      de espinaca pequeña

1   diente de ajo

½   limón amarillo

      Pimienta negra recién molida

Rinde 1 porción • Preparación 10 minutos • Grado de dificultad 1

1. Usando un extractor de jugos prepare el jugo con las zanahorias, espinaca, ajo y limón amarillo y pase a una jarra. Añada pimienta negra al gusto y mezcle para integrar.

2. Vierta en un vaso alto y sirva.

Jugo desintoxicante de VERDURAS Y MANZANA

4	tallos de apio
2	zanahorias
2	manzanas orgánicas, descorazonadas
1	pepino
1	calabacita (zucchini)
1	pimiento rojo, sin semillas

Rinde de 2 a 4 porciones • Preparación 15 minutos • Grado de dificultad 1

1. Usando un extractor de jugos prepare el jugo con el apio, zanahorias, manzanas, pepino, calabacita y pimiento y pase a una jarra.

2. Vierta en vasos y sirva.

Usted necesita usar un extractor de jugos o un exprimidor de jugos para preparar la mayoría de las recetas de este capítulo. Los extractores de jugos trabajan separando el agua y los nutrientes de la fibra no digerible que se encuentra en las frutas y verduras. Puede usar una licuadora para hacerlos, pero va a obtener una bebida espesa y con pulpa en lugar de un jugo.

Jugo picante de ZANAHORIA, MANZANA Y PEPINO

4	zanahorias
2	manzanas orgánicas, descorazonadas
2	dientes de ajo
1	pepino
2	cucharadas de tomillo fresco + algunas hojas para adornar
1	chile rojo fresco (peperoncino o serrano maduro sin semilla)
1	limón amarillo

Rinde 2 porciones • Preparación 10 minutos • Grado de dificultad 1

1. Usando un extractor de jugos prepare el jugo con las zanahorias, manzanas, ajo, pepino, tomillo, chile y limón amarillo y pase a una jarra.

2. Vierta en vasos, adorne con las hojas de tomillo y sirva.

Si a usted le gustó esta receta, también le gustarán:

Smoothie
DE VERDURAS
CONDIMENTADAS

Jugo de
ZANAHORIA,
MANZANA Y APIO

Jugo de
ZANAHORIA,
ESPINACA Y AJO

Jugo de NARANJA

1   mango, sin hueso
1   melón cantaloupe (rock) pequeño
2   chabacanos frescos, sin hueso
1   durazno amarillo, sin hueso
1   naranja, sin cáscara, sin semillas
1   toronja, sin cáscara, sin semillas

Rinde 2 porciones • Preparación 10 minutos • Grado de dificultad 1

1. Usando un extractor de jugos prepare el jugo con el mango, melón, chabacanos, durazno, naranja y toronja, y pase a una jarra.

2. Vierta en vasos y sirva.

Crema de FRUTA EXÓTICA

1   piña dulce pequeña
1   mango, sin hueso
3   maracuyás
1   taza (250 ml) de yogurt
    simple

Rinde 2 porciones • Preparación 10 minutos • Grado de dificultad 1

1. Usando un extractor de jugos prepare el jugo con la piña, mango y maracuyás y pase a una jarra. Integre el yogurt.

2. Vierta en vasos y sirva.

ÍNDICE